Marià Corbí

¿Qué ha sido el vivir?

Portada: Imagen del telescopio espacial James Webb de las primeras galaxias y agujeros negros. Fotografía de: Image by NASA, ESA, CSA, Steve Finkelstein, Micaela Bagley, Rebecca Larson.

ISBN Libro en papel: 978-84-685-8800-1
ISBN eBook en PDF: 978-84-685-8801-8

Impreso en España
Editado por Bubok Publishing S.L

Centre d'Estudi de les Tradicions de Saviesa (CETR)
C/ Rocafort 234, local -08029 Barcelona
www.cetr.net

ÍNDICE

¿Qué ha sido el vivir?

Marià Corbí
2024

Expreso lo que siento
para poderlo sentir.

Mis pobres versos no sé si alcanzan la categoría de poesía, pero son meditaciones serias sobre un tema que obsesiona mi corazón y mi mente: saber qué dicen las cosas, el misterio de los mundos inmensos, Eso de ahí sin por qué, que me incluye a mí mismo, lo absoluto y gratuito.

El mundo se revela

Vivo en este inmenso mundo
lleno de muy bellos seres
complejos y misteriosos,
mundo de estrellas y flores,

de incógnitas y misterio.
He vivido en él, sin verlo,
añoré toda mi vida
comprenderlo y amarlo.

Cuando ya estoy marchando,
lo siente mejor mi mente,
luce en mi corazón,
¡revélate que ya muero!

Muéstrame la unidad,
¡oh tú, único!, enséñame
la no dualidad completa
de las cosas, tú y yo.

Tú eres nadie, todo es nadie,
no cabemos en conceptos,
eso es lo que yo soy.
Todo es luz, calor, certeza.

¿Por qué muere todo?

¿Qué es todo esto que muere?
¿Por qué muere todo, por qué?
¿Qué significa que muera?

Todo, muriendo proclama
que le prestaron su ser,
que no es suyo en propiedad.

¿Qué es lo que es? Pregunto.
Nadie ni nada contesta,
                    ni contestará jamás.

Hay respuesta, mas sin forma,
es respuesta silenciosa,
pero que convence al alma.

Nadie es sino es Eso,
que contesta sin palabras.
Los humanos no comprenden,

pocos entienden lo dicho,
son pobres y atareados.
¿Hay solución para pobres?

¡Oh sutil, socórrenos!

Que te vea en todo

A ti te veo, te siento
cuando veo y siento el mundo.
En cada ser, tú te dices,
¡oh misterio de los mundos!

Que pueda reconocerte
en cada mañana y tarde,
en cada persona y grupo,
en cada animal y planta,

en el sol y las estrellas.
Vivir en ti, no en mí,
¡Oh misterio explícito,
nada más claro que tú!

Quien te siente, no se muere.

¿Eres un Dios?

Tú eres un Dios
y más que un Dios,
poder de los mundos.

Tú no eres un Tú,
porque eres todo,
Tú eres mi ser.

Tú eres la vida
de los que vuelven,
que gastaron su poder.

Tú eres el poder
de la debilidad de los ancianos,
Tú acoges su fragilidad.

Tú, poder de los mundos,
Tú eres mi vida,
acoge mi pobreza.

Nada soy, sino Tú
¡Oh único!
¡que comprenda!

¿Por qué?

¿Por qué todo?
No lo sé.
Incógnita,
y certeza.

¡Qué extraño!

Nada arrebata la muerte

Compañeras de mi vida,
ya se me lleva la muerte.

Me alejaré,
a gran distancia
sí, infinita,

que es el olvido,
sin retorno,
sin mundo humano.

¿Es eso así?

Cuando yo muera,
rompo fronteras,
ya no soy nadie,

no seré otro,
solo el misterio,
sin dualidad,

seré lo que sois,
en el silencio
de la unidad.

Las cosas no son cosas

Las cosas no son cosas,
los seres no son seres,
son instantes de luz,
son llamadas de amor,

son presencia absoluta,
son promesas de vida
para seres frágiles,
son mensajes de paz,

no son tampoco objetos
de supuestos sujetos,
son complejos y bellos
clamando al misterio,

de Él son la presencia,

admíralo todo,
y ámalo todo,
reveréncialo todo.

.

Después de muerto

Ni luz,
ni calor,
ni vida,

solo el misterio,
oscuro, oscuro,

que es como luz,
que es como calor,
que es como vida.

Al alba

Un ser insignificante,
en la inmensidad de mundos,
con el cuerpo dolorido,
al final ya de sus días,

redobla su atención,
para captar la presencia
del misterio explícito,
en esta alba de agosto.

Insignificantes

En la inmensidad de mundos
vivimos, mundos de estrellas,
billones de galaxias,
galaxias de galaxias,

soles que desaparecen,
horribles agujeros negros,
nacen y mueren estrellas
en pluralidad de mundos.

¿Qué soy frente a todo Eso?
Insignificante, nada.
Perdido entre los fuegos
de la inmensidad de mundos,

chispa de luz de mi mente,
del sentir leve latido,
habitante de un planeta
rodando entre abismos.

¿Qué es todo esto, Dios?
¿Qué pensar y sentir en Esto?
Total insignificancia,
pero soy el sentir y la luz

de la inmensidad de mundos.

Momento central

Pronto me enfrentaré
a un momento central
de mi vida de humano:

mi muerte pronta,
la cremación,
y el olvido.

Cuando mi cuerpo decae
dos grandes preguntas surgen:

¿Qué es lo que aquí pasó?
porque, cierto, no fui yo.

Cuando queremos hablar de Ti

¡Oh misterio de los mundos!
Si queremos hablar de Ti,
realmente no lo hacemos,
porque hablamos de nosotros;

según proyectos de vida
figuramos tu medida.
Si vivimos jerarquía,
eres Señor Absoluto,

si nuestro modo de vida
cambia, tu figura cambia.
No dependes de nosotros,
ni de las formas de vida.

Tú eres puro y sin forma
y nadie te delimita,
imparcial a los proyectos
de formas de sobrevivir.

Como luz de la mañana
Tú lo iluminas todo,
libre de toda figura
eres la única fuente,

te atribuimos los rasgos
que son nuestros, no son tuyos,
no eres ni Señor, ni Juez,
eso son cosas de humanos,

eres libre de atributos,
que imaginamos nosotros,
Tú eres lo que es, sin forma,
¡Oh misterio! el más sutil

para pobres animales,
Señor, no Señor, Dios, no Dios,
eres todo y eres nada,
Tú el sin forma en las formas.

Voy a desaparecer

Voy a desaparecer
de la tierra de inmediato,
¿quedará algo de mí?
de mí ni el más leve resto.

Lo que era antes de nacer,
sin individualidad,
sin corazón, ni cerebro,
solo el puro misterio

de los mundos infinitos,
presencia pura sin cuerpo,
forma sin ser, ni no ser,
el misterio de los mundos.

Difícil de concebir,
ese es mi ser verdadero,
el que se va de la tierra,
para nunca más volver.

La madrugada que veo

La madrugada que veo
y que pronto no veré
es hermosa, es muy bella,
es tu rostro, ¡oh misterio!

Los ocasos nunca iguales,
y las noches luminosas,
las mil formas de las flores,
los colores infinitos,
las robustas encinas,
los gorriones traviesos,
y los grupos de palomas,
las parejas de tórtolas,
la misteriosa luna,
el brillo del sol,

todo es tu rostro bello,
¡seductora es tu presencia!
¡Oh Dios, belleza de todo!
¡Oh misterio manifiesto!

Has sido mi vida

Tú eres mi ser,
eres la verdad,

Tú eres Único,
yo soy el único,

Tú eres el todo,
sin ti no soy nada,

eres absoluto,
yo soy absoluto,

eres el misterio,
yo soy el misterio,

eres la verdad,
yo soy la verdad,

siempre te busqué,
siempre te amé,

has sido mi vida,
sé también mi muerte.

Lo más bello

Qué cosas hay más bellas

que una bandada de palomas,
que una pandilla de gorriones
yendo de acá para allá,
que las margaritas
de los márgenes de los caminos,
que un campo de amapolas,
que las parejas de tórtolas,
que las puestas de sol,
que las noches de luna,
que el canto de un ruiseñor,
que las conversaciones
de los gorriones al anochecer,
que el vuelo de las golondrinas,
que un cerezo en flor,
que un campo de almendros en flor,
que mis compañeras,
que la vejez en paz,

qué bellezas tan inmensas y variadas,
es el misterio de los mundos.

Lo que comprendo al final de mi vida

Oh misterio de los mundos,
siempre me has protegido
a mí, insignificante,
Tú me has librado de trampas,

Tú me has guiado siempre,
perdonas mi ser ambiguo.
La grandeza de lo inmenso
me abruma con su cuidado,

porque soy Tú, me amaste,
te amo, porque eres mi ser,
entre Tú y yo no hay dualidad,
pero Tú eres el Único.

Insensibilidad

Con tanta maravilla
y con tanta belleza,
con tantas incógnitas
y tan gran misterio,

¿cómo mi sentir duerme?
¿cómo mi corazón no estalla?
¿cómo puedo sufrir
lo falso cotidiano?

Nombres de la gran incógnita del vivir

Te proclamo lo Absoluto
de todo este nuestro mundo
de humanas modelaciones,
hijas de necesidades.

Solo es un reconocimiento
abstracto y no expresivo.
Ese nombre te confiesa
de nuestro vivir lo hondo.

Te llaman Dios y Señor,
no eres ni Señor, ni Dios.
Ni eres "otro" transcendente,
porque eres el ser de todo.

Te llamo el misterio
de los mundos infinitos;
con ese nombre confieso
mi ignorancia completa.

Te nombramos miles de años
Padre de toda la vida,
Padre amante de humanos,
hermosos nombres que consuelan;

también Señor te llamamos.
En sociedades sin jefes
así no podemos nombrarte,
así te haríamos "otro",

¡oh ser único de todo!
Si te llamamos Vacío,
me iluminará la mente,
enfriando el corazón.

Si te llamo Ser Único,
mi corazón no se enciende.
¿Qué nombre debo usar
para llamarte en mi ayuda,

para sentir que eres mi ser,
para poderte vivir
con mi carne de humano?
Tú eres innombrable,

esa es la evidencia.
¿Cómo mi corazón prende?
¿Cómo aludiré a Ti?
¡Oh misterio de los mundos!

Te daré todos los nombres,
ninguno será el tuyo.
No puedes tener un nombre,
porque no tienes límites.

Unidad e intimidad

Morir es ir al que es Uno,
la presencia deseada,
se acabó sentirse otro
de nada, todo es uno,

seré uno e íntimo
de todo ser existente,
intimidad con los muertos,
intimidad con los vivos,

intimidad con los seres,
con los que fueron remotos
y con los seres presentes,
unidad e intimidad.

Soy dimensión absoluta
y sus infinitas formas.
Eso se muestra en mi muerte,
en vida solo fui Eso.

Un traslado

Trasladarse del misterio de los mundos manifestado,
al misterio de los mundos no manifestado.

Eso es morir.

Soy el cielo azul y el negro

El dulce cielo azul
que envuelve toda la tierra,
como un manto piadoso,
yo soy esa maravilla.

El negro abismo sin fin,
el cielo de las estrellas
es el seno espantable
de la inmensidad de mundos.

Ese es mi misterio,
yo también soy ese cielo,
toda esa inmensidad
es mi realidad profunda.

Soy Eso y solo soy Eso,
soy el misterio insondable,
nada es fuera de Eso,
el enigma de los mundos.

¿Qué temeré al morir?

¿Qué pasa?

¿Cómo podemos vivir
entre tanto misterio?

¿Qué es lo que pasa aquí?
¿Pasa alguien?

Pasa algo
que es vacío
de conceptos.

Será eso.

Lo que pasa
sobrepasa
la pobre mente
de los humanos.

Canto a la vida

La vida es generosa,
esparce las semillas
por miles de millones,
vida abundantísima,

en la diversidad rica
en el plancton marino,
densas nubes de polen
para que haya vida,

un inmenso derroche
que asegura la vida,
maravillosos cuerpos
que consume la muerte.

Estudio de décadas
acumula saberes,
vertidos en la tumba,
¡qué extraña es la vida!

Un inmenso despliegue
de complejidad bella,
¿qué es lo que proclama?
¿qué hay en todo esto?

Nadie tiene ser propio,
todo es un préstamo
que termina en la nada.
¿Cuál es el por qué?

¿Por qué tanto ser bello
que termina en la muerte?
¿Qué significa esto?
Misterio, misterio.

No es absurdo, es misterio.

¿Qué hay?

Todo lo que vemos
es modelación,
la modelación
es figuración.

Lo que hay, lo vemos
en esta tierra
en este cielo
bellos.

La brisa

A las once de la mañana
llega la brisa marina,
suave y fresca al rostro,
es el alivio del Uno.

Nada hay más agradable
que la brisa en el rostro,
un suave soplo divino,
que nos trae el paraíso

a la seca y dura alma.

Las inmensidades

La inmensidad de la noche,
la inmensidad de estrellas,
inmensidad de mi mente,
soy esas inmensidades;

yo, ser insignificante
soy esas grandes bellezas,
parezco un ser, no, soy Eso,
¡que comprenda esta verdad!

Si me siento individuo,
soy ser insignificante.
Sentir mi propia hondura
reconocer mi grandeza.

Todo son inmensidades
soy esas inmensidades,
mas solo el Único es.

Mañana de otoño

Primera mañana de otoño,
un día de sol pacífico,
dormito al cielo azul,
me protege la glicinia,

en hamaca sobre la tierra,
con una modorra agradable,
en un silencio solo roto
por el canto de un gorrión.

¿Qué podría haber más amable
en la inmensidad de mundos?

Todos los nombres son tuyos

Todos los nombres son tuyos,
y también el de persona.

¡Qué consuelo para un pobre!

Conducido

Ya al final de la vida,
si miro hacia atrás,

he dado vueltas,
muchas revueltas,

cuántos errores,
y cuántas dudas,

ambigüedades,
cuántas torpezas,

atrevimientos,
cuánta búsqueda,

pero fui recto
y conducido
a pesar mío.

Ahora comprendo claro,
que fui un protegido,
bien guiado y amado.

Una forma de tu presencia

Soy solo una forma
de tu propia presencia.

Mortal e inmortal

Mortal en el tiempo-espacio,
pero soy sin tiempo-espacio.

Tiempo, espacio

Si hay tiempo, hay espacio
para un viviente,
si no hay espacio, no hay tiempo
para un viviente.

Ni individuo, ni tiempo, ni espacio

Pronto reconoceré
que soy, en verdad, sin tiempo,

no soy individuo,
ni tengo tiempo,
ni tengo espacio,

soy el gran misterio.

La etapa final

En el final de mi vida,
etapa de decadencia,
preciso mucha paciencia,
alegría y optimismo,

ilusión y agradecimiento,
calma y serenidad
en espera del encuentro
con el Clemente misterio;

con el cuerpo dolorido,
durante una leve espera
del gran acontecimiento,
el final reconocimiento

de mi ser propio,
              el gran misterio.

La gran danza

Los inmensos mundos danzan
un baile de vida y muerte,
nacen bellos y se apagan,
viven y mueren bailando.

Terrible y gloriosa danza,
belleza y disolución.
La vida baila esa danza
de esplendor y gloria breve,

como río se derrama
en la fría tierra seca.
También mi vida ya fluye
sobre esa madre antigua.

Reuní conocimientos
durante toda mi vida;
lo que unió mi cerebro
se verterá como agua,

en una tierra sin nombre.

Siente

Siente a los seres,
mientras estés vivo,
ámalos, sírvelos,
sin que busques nada,
no seas creyente,
te dirán secretos
hondos, sin palabras.

Discrimina

Discrimina en los seres,
lo que es absoluto,
lo que es relativo,

vivirás la unidad
y la intimidad
con el cosmos entero.

Entrada y salida de la manifestación

Morir es perder la forma
que nos dio el misterio,
perder la individualidad,
recuperar lo que era

antes de nacer mi madre.
Nada nace, nada muere,
es solo entrada y salida
de la manifestación,

no hay aniquilación.
Ser entre individuos,
y salirse de ese mundo,
eso es nacer y morir.

Pronto, pronto

Todo esto,
yo incluido,
¡qué hermoso!
¡qué extraño!
¡qué misterio!

Se termina
pronto, pronto
para mí,
hay traspaso
a esto mismo,

sin mi yo,
sin mi cuerpo,
unidad
muy íntima
sin final.

¿Qué dicen las cosas?

La muerte, la gran cazadora, ya me está alcanzando. Sé que es implacable, pero no es enemiga. He de apresurarme a escuchar lo que dicen todas y cada una de las cosas.

Me hablan claramente y me dicen:
No somos lo que te dicen tus sentidos. Tampoco somos la interpretación que haces de nosotras, según el patrón cultural colectivo que te rige.
Somos lo que decimos, no lo que tú nos haces decir. Escúchanos y te hablaremos sin palabras, y nos comprenderás.
No vengas a nosotras esperando algo.
No vengas diciéndonos lo que somos. Cállate.
Si te interesas por nosotras, y no por lo que piensas conseguir de nosotras, si tu interés es verdadero, porque sí, porque estamos frente a ti y contigo, te hablaremos claro.

Si tu interés por nosotras es débil, nuestro hablar será casi inaudible para ti, aunque nosotras siempre hablamos fuerte, a gritos en ocasiones. Si tu interés es fuerte, intenso y verdadero, oirás claramente nuestro mensaje, nuestro discurso.
Si apartas el ruido de tu mente y de tu sentir, nos escucharás, porque nosotras siempre hablamos.
Vuélvete a nosotras y nosotras nos volveremos a ti.
Si nos vuelves la espalda porque estás ocupado contigo mismo o con el provecho que buscas en todo, nosotras enmudeceremos y seremos únicamente lo que tú y los tuyos dicen que somos.
Somos misteriosas, somos el misterio. El gran misterio del cosmos inmenso es nuestro propio misterio. El misterio y nosotras somos uno.

Nosotras somos el ciprés que hay delante de tu casa, somos los arbustos de tu jardín, los árboles, las plantas del suelo a las que no les prestas atención, las flores de la primavera, las rosas que florecen siete meses al año.

Somos los gorriones que se refugian en la glicinia que hay ante tu ventana, somos las tórtolas que se aparejan en las ramas del árbol seco, somos las palomas que, en bandada, dan una vuelta varias veces al día por encima del pueblo.
Somos el cielo fresco de los amaneceres, somos el cálido mediodía, y el esplendor siempre diferente de los atardeceres.
Somos los cielos de las noches de luna, los cielos estrellados que abren a los mundos inmensos, somos los cielos oscuros cubiertos de nubes.

Somos el inmenso enigma proclamado por las nubes, que recorren los cielos y que nos dan la vida con las lluvias.
Somos las montañas que apuntan al cielo, los valles y llanuras que habitan los hombres, los ríos y arroyos que son la alegría y la vida de todos los vivientes.

Somos los mares bravos y mansos y la inmensa variedad de sus habitantes.
Somos todos los animales e insectos que habitan la tierra.
Somos los hombres y mujeres que habitan las ciudades. Somos sus penas y alegrías.
Somos las estrellas, las galaxias, los planetas que pueblan las inmensidades de los mundos.
Somos tú mismo y los tuyos.

Todos los seres somos perecederos, no poseemos nuestro propio ser, somos sin naturaleza propia.

Gracias a que somos perecederos, podéis discernir con facilidad entre nosotros y el gran misterio.

Somos vuestras modelaciones, vuestra compartimentación según las conveniencias de vuestro organismo y vuestras necesidades.
Nuestro ser es el misterio de los mundos inmensos.
No somos nada fuera de ese misterio. Nuestro ser propio es nada.
Somos solo lo que vosotros os figuráis, es decir, nada propio.
Lo que os figuráis sobre nosotros resulta ser formas de Él.
Vosotros, cuando figuráis un mundo frente a vosotros, sentís que todo está a vuestro servicio.
Vosotros también sois una modelación, una figuración vuestra, nada con naturaleza propia.
Vuestro poder de modelación de los mundos es el misterio mismo de los mundos. Cuando nos modeláis, Él es el que nos modela.
Así nos convertimos en formas pasajeras y, a la vez, perennes de Él.

Así somos los seres, lo que empieza siendo vuestras modelaciones, acaba en el sin forma.
Como sus formas que somos, hablamos de Él.
Cada uno de nosotros proclama cómo es el misterio de los mundos.
Todos nosotros hacemos discursos diferentes sobre Él.
Nuestros discursos son inagotables. Cada uno de nosotros somos inagotables como Él. Somos sin fondo.

Si nos amas de veras, te conduciremos a esos abismos.
Si quieres investigar el misterio de los mundos, investíganos a nosotros.

No somos seres, ni cosas, somos la verdad sin forma.

Somos formas que hablan sin palabras de la verdad sin formas, de la verdad que jamás es una formulación.

Nuestra belleza proclama, para que todos lo comprendan, que somos gratuitos, incluso en las modelaciones a que nos sometéis.

Si somos gratuitos, con ello decimos que no somos relativos a vuestras necesidades, por tanto, que pertenecemos al ámbito de lo absoluto.

Todos los seres somos bellos, quienes nos aman no verán en nosotros fealdad.

Todos los seres somos bellos, porque todos somos el misterio de los mundos inmensos.

Somos bellos, porque somos la verdad. La verdad sin forma, a pesar de tener forma, si nos amas, verás que somos sin forma.

Si te interesas por nosotros de verdad, sin buscar nada para ti, te cogeremos de la mano y te llevaremos, a través de nuestra belleza, a nuestro fondo que es el sin forma, el misterio de los mundos.

¿Qué es nuestra belleza?

Es el arte seductor del misterio de los mundos, para atraer a sí a quienes se creen algo.

La belleza es un gran misterio, es el esplendor del misterio de los mundos.

Todos los seres somos el esplendor de la verdad, el mismo enigma de la verdad sin forma.

Todos los seres, que somos modelaciones tuyas, somos bellos, porque cuando modelas es Él el que modela. Tú no eres nadie fuera de Él.

Todos somos bellos, porque en todos se dice Él, explícitamente, sin intermediario.

Nuestra belleza es la mensajera de la verdad sin forma, que es el misterio de la inmensidad de los mundos.

Persigue nuestra belleza, porque esa persecución te llevará a nuestra verdad, que es la verdad sin forma de los mundos.

Los seres somos bellos y verdaderos, porque somos tu modelación, que es la modelación del misterio de los mundos.

Si nos investigas, le investigas.

Si nos amas, le amas.

Si nos sirves, le sirves.

Somos tú y tú eres nosotros.

No hay dualidad en los mundos.

Solo hay el misterio, que es la verdad, que es la belleza.

Que me hable mi hondura

Tú que eres el que eres
dime desde mi hondura
quién soy yo y qué es todo.

Que el Único me hable
y no tanto desde fuera,
sino desde mi ser mismo.

No me temas

Cuando el cuerpo se anquilosa,
el cielo es más azul, claro,
las personas se ven fuertes,
los niños son un milagro,

todo bulle en la tierra,
muchos estrenan la vida,
otros la están disfrutando,
algunos ya se despiden.

Vivir es un gran misterio,
el misterio del gran cosmos,
compréndelo y vívelo,
el tiempo es muy escaso.

Ya oigo las grandes voces,
que da la muerte amiga:
Llegó la hora, ¡descansa!
No me temas que soy Él.

Triste error

¡Oh, el que es!
ven en mi auxilio,
¡oh, el que es!
apresúrate
a socorrerme.

Yo no soy nada,
solo un supuesto
que se interpreta
como real,
¡triste error!

Desaloja a mi yo

Desaloja a mi yo
de esta casa que es tuya,
reside tú en ella,

tú eres el Único,
mi yo es solo ficción
sin entidad real,

que te comprenda y sienta
como mi propio ser,
no hay en mí nada más.

¡Oh, misterio de todo!

Otoño

Ruido de hojas
en el otoño,
canto del gallo,
piar tranquilo
de gorriones,

dulce sol tibio,
nubes errantes,
ancianidad
dulce, plácida,
más dolorida

y acompañada.
A ti te siento
en mi ser todo,
¡pero qué tenue,
en este otoño!

Mira el misterio

Mira el misterio, míralo.
El misterio son los seres,
su belleza es sin fondo,
su verdad es un abismo,

sus mensajes son diversos
pero hablan de lo mismo,
de Eso, del que es Único
que es un rostro que habla

sin decir una palabra,
canta la vida sin muerte,
unidad, intimidad
calor en el corazón,

luz intensa en la mente.

No hay dos

Tú eres esto,
en otoño,
yo soy esto,
en otoño,
somos uno.

Sólo Tú

La gran belleza
de esta tierra
eres Tú solo,

soy eso mismo,
nada existe,
solo Tú eres.

Más luz

Luces de otoño
a mediodía.
Yo necesito
mucha más luz,

y comprender
y sentir hondo
el gran misterio
de todo esto.

Indagación de la muerte

Pronto me sumergiré
en el inmenso misterio
de la infinidad de mundos,
en el no tiempo, no espacio
y no individualidad,
mas con diferenciación
y sin aniquilación.

El universo

Vastos espacios de estrellas,
billones y billones de ellas
en billones de galaxias,
mundos inmensos de mundos,

yo y esas inmensidades
plena insignificancia.
¿Qué nos dice todo esto?
¿Qué es esta enormidad?

¿Qué soy en este universo?
¡La pequeña y pobre tierra
en esos enormes fuegos!
¿Qué hago yo en todo esto?

¿Qué soy yo, pobre animal,
en medio de tanto mundo?
¿Qué es el misterio de todo?
¿Y cuál es mi gran misterio?

Ya me siento anonadado
por tanta inmensidad,
por tan enormes preguntas,
por tanto y tanto misterio.

¡Yo pobre y el universo!

Animales

Soy un pobre animal
viviendo entre animales,
alimentándome de ellos,
invadido por dentro y fuera
de animales diminutos.

Las flores

Las flores son misteriosas
como las grandes galaxias,

las estrellas en lo enorme,
las flores en lo pequeño.

Homenaje

Homenaje al que es,
que es también mi propio ser
y de todo lo que existe,

veneración y respeto,
amor, devoción y entrega
al misterio de los mundos.

Tú, el insignificante,
que ya sabes que te vas,
reconoce mientras vivas.

¡La caravana se va!

Acepta al pobre

Ante el gran misterio,
yo amodorrado,
¡miserias de anciano!

Ante ti estoy,
eso es lo que soy,
acepta al pobre.

A ti vuelvo

A ti vuelvo,
en ti viví,
tú eres mi ser,
todo mi ser,
en ti la paz.

Mi nacer,
mi morir
eres tú
¡oh, absoluto!

Fuera de ti
solo supuestos
vacíos de ser.

Tú eres mi luz,
tú mi sentir,
tú mi pensar.

Aquí, en mí,
solo está él.

Sé que no soy,
aléjame
de mi no ser,

tú absoluto,
que ni eres,
ni no eres.
¡oh misterio!

La gran cita

Yo quiero ir
a mi morir
con paz y amor,

con todo el gozo
de mi gran cita,
tú eres mi muerte,

y eres mi ser
¡oh clemente,
que no eres otro!

Yo no soy yo

Mi yo, como individuo
no es real, no existe,
es supuesto necesario,
es error inevitable;

lo real es el misterio
de la inmensidad de mundos.
¿Cuál sería el sentido
de esperar sobrevivir
a la implacable muerte?

Lo que no es, no será,
solo el misterio existe
y nada fuera de él,
y yo soy ese misterio.
              Nada arrebata la muerte.

Oscuridad y luz

Sentir y vagar
por la oscura noche,
figura explícita

de la incógnita
del ser de las cosas.
Oscuridad y luz.

Quién he sido

Mi cerebro,
mis dos ojos
y corazón,
serán polvo;

el yo voló
como niebla
mañanera.
¿Qué he sido?

Plegaria al que es mi ser

Gran misterio de los mundos,
eres el que es Clemente,
por concederme la noche
oscura y acogedora,

por la luz de la alborada,
que es promesa neblinosa,
por el sol, que de ti habla,
por la compañía humana,

busco comprenderte y verte,
saber que eres único,
que nada es junto a ti,
soy hijo de tu clemencia,

tu presencia es mi presencia,
tu ser es mi propio ser,
brillas en todos los seres,
nada hay junto a ti,

eres mi vejez, mi muerte,
ya vuelvo a ti, oh Clemente,
aunque siempre estuve en ti,
porque eres el único.

Escapar

Soy el misterio de los mundos,
¿qué temeré de ese misterio?
No hay dos misterios de los mundos.

Despertar a Eso ¿qué es?
Escapar de modelaciones,
que son todas, una ficción.

La muerte no niega, afirma

La muerte apunta a la nada.
¿Es lo demás un consuelo?
Pero el gran misterio
de la multitud de mundos
está ahí, indiscutible.

Si tengo eso en la mente,
no podrá anular la muerte
la tremenda incógnita
de la infinidad de seres.

La muerte no niega, afirma
la gran hondura de todo,
que lo que parece ser
lo borra del todo la muerte,

que lo que realmente es,
es el misterio del mundo,
que no lo barre la muerte
y que proclaman los seres.

Solo unos días más

En esta mi tierra,
en esta mi ciudad,
con estos amigos,
unos días más,
y nada después.

Ahí el misterio,
¿Qué fue todo esto?

Nochebuena

Esta noche es Nochebuena
y no es noche de dormir,

¿Mi última Nochebuena?
no lo sé, es muy probable,

sea noche de esperanza,
de un final y un comienzo,

final del individuo,
comienzo de la unidad,

noche que es gran promesa
de paz y unidad completa,

dulce noche de recuerdo
del humilde maestro amable.

Lo hermoso y lo bueno

¡Qué hermosa es la noche!
¡Qué bondad, luna llena!

Lo hermoso es bondad.

¿Quién fue?

Pasaron las Navidades,
y yo me iré con ellas.

Cuando muera, mis amigos,
de mí tendrán que librarse,
con prisa, apestaré.

Es prueba de que soy nadie.
Mientras existí, ¿quién fui?

Cierto, no fui yo, fue Él.

Belleza de los campos

Qué gran belleza,
campos al alba
blancos de escarcha.

Sentir Eso

Oh vosotros seres
que me acompañáis
en mi vivir breve,
habladme, guiadme,
para sentir Eso.

Yo soy

Soy las noches de luna,
los colores del alba,
la luz del mediodía,
el furor de los mares,
la dulce primavera.

Cierto, soy todo Eso
porque su ser es mío.

Cantarlo todo

Cantarlo todo,
vivirlo todo,
amarlo todo,

¡Mi gran destino!

Presente ausente

Sin forma, desconocido,
que hablas desde los seres,
¿cómo, pobres animales,
podremos reconocerte?

Eres la luz de lo oscuro,
tú eres la gran presencia
de la certeza sin forma,
tú eres presencia-ausente.

Sin forma, luz de todo

Oh tú, eres el clemente,
lo sé por la gran belleza
de la tierra y de los cielos,
de los mares y los ríos,
de humanos y animales.

Lo bello es la bondad.
Sé de todas tus figuras
de los grandes buscadores
a lo largo de la historia.
Son solo modelaciones.

De ti, no sabemos nada
¡oh lo oscuro de lo oscuro!
No sabemos cómo eres.
Un terrible no saber
que es la luz de los seres.

Tú me eres

Oh misterio,
tú me guías,
tú conduces,
tú decides,
tú me eres,
solo tú.

La punta del misterio

Billones de billones
de galaxias y estrellas,
ahí ¿qué es el humano?
Pura insignificancia.

Mente y sentir de Eso,
de inmensidad prodigio,
luz de mundos de mundos,
de animal sentir hondo,

viviente en lo inmenso,
sentir sin fin de Eso,
ser de Eso inmenso,
¿qué es Eso? ¿qué soy yo?

¿Pura insignificancia
o misterio de mundos?
¿nada y nadie aquí
o punta del misterio?

Todo es absoluto

Todo es absoluto,
hijo de la tierra,
hijo de los cielos,
hijo del misterio.

Eso que es, no siendo

Oh muerte, buena amiga,
me muestras lo que no soy,
un individuo, persona,
me enseñas que soy supuesto,

dices que soy solo Eso,
vacío de entidad,
que no existen los humanos,
solo existe el misterio.

Eres maestra eficiente,
secreto dulce y terrible
para los que se creen alguien,
oh, hermana que no eres.

Nunca hubo un individuo,
solo manifestación
del misterio de los mundos,
de Eso que es, no siendo.

La muerte

Gran aniquilación
de la individualidad
y su pequeña historia.

Total desaparición
en la gran incógnita.

Las figuras que venero

Reverencio las figuras
que te dieron los humanos,
todas fueron muy estrechas,
a imagen y semejanza
de sus propias pequeñeces.

Tú no eres su figura,
de ti todas están lejos.
A su pequeño provecho
te pensaron y sintieron,
            ¡oh misterio indescifrable!

Eso es sabiduría

Discrimina entre conciencias,

la que gobierna tu cuerpo
y que siempre busca algo,

la que testifica lo inmenso
y que nunca busca nada.

Eso es sabiduría.

Noche de luna

Clara noche de luna,
un misterio íntimo
que lleva a la añoranza,
de qué, no lo sé,

luz en la oscuridad,
ventana del cosmos,
invita a navegar,
clara noche de luna.

La madrugada

Los valles hondos en niebla,
por encima de montañas
nubes rojas por el sol,
canta un gallo en el silencio.

Esplendor de madrugada.

Soy las galaxias

Soy las galaxias inmensas,
soy su mismo misterio,
no hay nada en mí fuera de Eso.
¿Qué es la temida muerte?

Los cielos no son lo que vemos,
son nuestra modelación,
misterio sobre misterio.
¿Qué dice nuestro vivir?

¿Qué es vivir, y qué es morir?

No sé

No sé quién eres,
ni cómo eres;

no sé quién soy,
ni como soy;

todo afirma que eres,
todo afirma que no soy;

eres toda la inmensidad,
yo soy también eso;

todo te alude
y no dice nada;

también yo aludo,
y no sé nada;

eres explícito,
sin ser nadie;

soy explícito,
y no soy nadie;

eres un abismo insondable,
yo también soy un abismo insondable;

tú eres único,
yo soy tú;

no sé nada de ti,
tampoco de mí;

no sé nada,
solo sé modelaciones;

¡oh misterio!

Quién pensó

Mi ser es el gran misterio
de la inmensidad de mundos,
mi individualidad, yo,
no es más que un supuesto,

sin existencia propia,
pobre supuesto creído,
que se deshace en el viento,
ser y no ser, mi destino.

¿Quién pensó y escribió?
Lo profundo, no fui yo,
yo solo lo oscurecí
creyéndome que soy alguien.

Mariano Corbí no es nadie,
la historia de mi persona,
hojas que se lleva el viento.
Solo soy una ficción.

Las cosas hablan

Volverse a las cosas
tiene el gran fundamento
de la dimensión doble
de toda realidad.

Esa es la razón
de que las cosas hablen
del profundo misterio
de los mundos inmensos.

En tus manos

En tus manos estoy,
tus mismas manos soy,
decides solo Tú,
Tú, el Señor Supremo.

Eres nadie y todo,
soy nadie y soy Tú,
Tú eres el único.

En tus manos estoy,
porque tus manos soy.

Unidad completa

Él es la natura entera,
en Él la gozaré, muerto,
en Él todo, seré todo,
solo unidad completa.

El cielo estrellado

El cielo estrellado enseña
que no soy este mi cuerpo,
que tampoco es un estuche
de un etéreo espíritu,

dice que soy el misterio
de la existencia toda
en el gran mundo inmenso.
¿Quién temerá a la muerte?

Pájaro en una rama

En una rama desnuda
de un gran árbol, en febrero,
posa un gentil gorrión,
    ¡maravilla y prodigio!

Solo en las inmensidades

Pobre animal terrestre,
ya enfermo y anciano,
sobre la tierra que gira
entre los mundos de mundos,

pura insignificancia,
nadie en las inmensidades,
en el infinito mar,
en el colosal misterio

de billones de galaxias
y trillones de planetas.
¿Quién soy yo, qué es todo esto?
Soy ese mismo misterio.

Yo nadie, soy todo eso
desde mi condición débil,
soy luz y sentir de mundos,
soy conciencia del enigma.

Yo, nadie, soy eso mismo,
nadie perdido entre mundos,
solo en las inmensidades,
navegando entre soles.

Mi luz y las estrellas

Los pobres versos míos
que quieren ponderar
el enorme enigma
de todo lo que existe

en los inmensos mundos,
luciérnaga que quiere
iluminar estrellas,
mas mi sentir con ellas.

¿Los últimos días?

¿Son mis últimos días?
Manteniendo mi mente
y mi sentir lúcidos.
Ese don lo agradezco

con todo lo que tengo,
que es del todo tuyo,
¡oh misterio clemente!
me despido de ellos.

Misterio seductor

Tú, misterio, me seduces
con los almendros en flor,
en atardecer de marzo,
con un cielo deslumbrante.

Tú, seductor imponente
con un cielo estrellado
oscuro y claro a la vez,
¡muestras verdad y hermosura!

Tú, el seductor amable
con cercana compañera,
testimonio de belleza
y de la verdad sensible.

¡Tú misterio seductor!

Ya es hora de partir

La caravana se va,
ya es hora de partir,
pero yo no soy el cuerpo,
que pronto se dormirá,

no despertará jamás,
mis ojos se cerrarán,
mi cerebro morirá,
mi sentir se apagará,

se derramará en la tierra
todo lo que aprendí.
No llores ni te aflijas,
tú eres el gran misterio

de todo ser existente.
Yo soy Eso y solo Eso,
no este cuerpo gastado
de un hombre que es ya anciano.

Perecedero y sin tiempo

Inmerso en el misterio,
soy yo mismo el misterio,
sé que soy perecedero,
sé también que soy sin tiempo.

Lo que siempre fue

La vida es ir muriendo,
paso a paso nos vamos,
morir es un traspaso
constante e implacable

de lo que es relativo
a lo que es absoluto,
del tiempo, al no tiempo,
al callar de lo mío;

desapareceré,
sin dejar ningún rastro
de que aquí viví,
¡sin aniquilación!

¿Qué quedará entonces?
Lo que siempre he sido,
el misterio único,
que es lo que siempre fue.

Insignificante y ambiguo

Insignificante
y siempre ambiguo,
con dimensión doble.
¡Ese es mi destino!

Abandono o unidad

Oh existencia del mundo
y de todas las cosas
modeladas por mí,
¡qué bello y qué hermoso,

de mi ser el misterio!
Los billones de mundos
en armonía de especies
de los seres vivientes,

¡qué sobrecogimiento!
¡qué gran admiración!
¡qué respeto sagrado!
¡qué enorme misterio!

Todo nos está hablando
de que es modelación
de los modeladores,
¡oh Tú, el gran secreto!

Os voy a abandonar
sumergido en Eso.
No será abandono,
sino gran unidad.

Bloqueo de la enseñanza de Jesús

Jesús resucitado,
no fue vencido, vive.

Ahí está su enseñanza,
pero la utilizaron,

el poder y el dinero,
lograron deformarla.

No soltarán la presa,
impiden su enseñanza

a las generaciones
de la nueva cultura.

Bloquean comprender
al Maestro Sutil.

En un rincón del planeta

En un pequeño rincón
de un planeta muy bello,
veo la complejidad,
la gran riqueza de vida.

En el rincón un sujeto,
un simple elemento más
de la gran complejidad,
pero no es nadie, ni nada.

Solo hay diversidad
en completa unidad.
Ninguna individualidad
en un completo misterio.

No hay cosas, ni objetos,
ni hay sujetos humanos,
eso es modelación
de animal necesitado,

nada real existente,
solo eso como viene,
desnudo, complejo, pleno,
indescifrable misterio.

No hay nada, ni nadie

No existe un mundo de cosas
y de sujetos humanos.
Todo eso son supuestos,
solo hay gran unidad

vacía de entidades,
una infinita riqueza
de inmensa diversidad,
en unidad impensable.

No hay nada,
ni hay nadie
en inmensos
universos.

Unidad
y misterio.

He aprendido

Es el final
de mi vivir
en el planeta.

He aprendido
que no hay sujeto,
ni hay objetos,

complejidad,
diversidad
en unidad.

Misterio en el misterio

No vivo en un mundo de cosas,
ni vivo en un mundo de seres,
vivo en un mundo de misterio,

yo mismo soy un misterio,
misterio en el gran misterio,
pronto me hundiré en él,

mi cercana muerte es eso,
sumergirme en mi ser propio,
porque soy eso y solo eso.

Como basura

Yo no soy nadie
hasta tal punto,
que cuando muera

me quemarán
como basura.
Pero soy Brahman.

La primavera

Los amplios trigales,
el cielo claro
lleno de cúmulos de nubes,
las espléndidas amapolas,
las humildes margaritas
de los caminos,
un ruiseñor que canta,

¡Cuánta belleza!
¡Cuánto esplendor de misterio!
¡Cuánta clemencia de los mundos!

Ahí me sumergiré
cuando muera.

El misterio clemente

Tú, misterio clemente,
eres mi ser y vida,

eres para mí presencia,
eres mi interior hondo,

eres mente de mi mente,
eres sentir de mi sentir,

eres mi compañía,
que hablas en silencio,

eres mi luz oscura,
eres mi fuego ignoto,

¡Oh clemente explícito,
eres el ser de todo!

Despedida

Ya estoy más próximo
del mundo de los muertos,
que del mundo de vivos.

Hora de despedirse
del lugar en que viví,
con amor y pasión

y corazón alegre.

Fracaso y confianza

Pasé la vida estudiando,
pasé la vida leyendo,
pasé la vida escribiendo,
construí lo que quería.

No hubo acogida,
fue un completo fracaso,
unos pocos siguieron,
sin generación joven.

Toda esa tarea,
para mí no la hice,
mi sentir y mi mente
fueron de Él, no mías.

is gentes se asustan
por la dificultad,
por el logro difícil
de una enorme tarea.

No hay por qué sufrir,
es una cuestión suya.
Él buscará caminos,
es su asunto, no nuestro.

Confianza en la vida,
confianza en el trabajo,
confianza en el misterio,
confianza en los humanos.
¡Ahí está la ofrenda!

Tarde de primavera

El murmullo y la caricia de la brisa,
el canto del ruiseñor, desde un árbol cercano,
la delicadeza y la belleza de las petunias
de una maceta de mi porche,
la luz de una tarde de primavera.

Así se despliega y canta la inmensidad de los mundos,
así lo vivimos y lo sentimos,
así muestra su verdad sin palabras,
así su belleza amable,
así la clemencia indecible del gran oculto,
así la paz de la unidad y el reconocimiento.

Dos tórtolas

Dos tórtolas
sobre el banco
de madera
del jardín.

El camino

El camino
bordeado
de amapolas,
margaritas
y de malvas.

¡Gran misterio
ya te veo!

Mueres en papel

Mis pobres versos
quedarán muertos
sobre el papel,

hasta que alguien
los resucite.
¿Habrá alguien?

¡Qué importa!

Formas de lo absoluto

Todos los seres
son solo formas
de lo absoluto,
no entidades.

El día del encuentro

El día del encuentro
está ya muy próximo,
encuentro del que es nada,
con el que no es nadie,

será el encuentro
con mi propio ser
en el gran abismo
de lo innombrable.

Allí encontraré
a los que se fueron,
parientes y amigos,
flores y árboles,

el cielo, la tierra
del lugar que vivo.
En ese no lugar
lo sentiré todo

como mi ser propio.
Seré siendo nadie
en unidad grande
y en una infinita

diversidad bella.

El día del encuentro (2)

El día del encuentro,
encuentro del no ser
el inefable nadie,

que es encuentro de hondura
de un ser que finge ser,
de un supuesto no existente,

con lo que es innombrable.
Es encuentro verdadero
con lo que es mi ser propio.

De la ficción el final,
inicio de lo real,
de lo que realmente fui,

sin poder reconocer.
Día de la libertad
y del final reencuentro.

El día del encuentro (3)

El gran encuentro
ya está próximo,
ya está próximo,
ya lo espero.

¡Qué incógnita!
Ningún temor,
en la esperanza
de la unión

con lo que es,
con el que es,
con lo real
de mi ser propio
y todo ser.

El día del encuentro (4)

El encuentro con la unidad
es el encuentro con el amor,

ese es el mayor misterio
de la inmensidad de los mundos.

En esta hermosa tierra

En esta hermosa tierra
todo es un gran misterio,
cada ser es un milagro,
de ti hablan, elocuentes.

Cantan tu saber y gloria
cantan tu clemencia grande,
tu inagotable belleza,
ensalzan tus creaciones.

Tú Dios, que no eres Dios,
sin forma, hablas en formas,
eres verdad y belleza,
tú eres el ser de todo,

fuera de ti, no hay nada,
ni nadie.

Ver las cosas como son

Ver las cosas como son,
es verlas como individualidades,
ni siquiera verlas con lucidez
como modelaciones de un animal necesitado,
porque el modelador fue modelado.

Ver las cosas como son
es verlas como formas de la dimensión absoluta,
son la dimensión absoluta
y solo la dimensión absoluta.

Eso es ver las cosas como son.

Si yo callo

Si yo callo,
el pensamiento habla,

si el pensamiento habla sin yo,
es Él, el misterio, el que habla.

Si no me atribuyo nada,
digo lo que nadie dijo.

Último verano

¿Es éste mi último verano
en el jardín de Plandogau?
Es muy posible.

Cómo terminaré, no sé,
no será un día de duelo
sino de gozo.

Será el día del encuentro,
sin individualidad del yo,
ni identidad.

Reconoceré lo que soy,
mi verdad, que es solo Él,
el gran misterio.

Mi verdad
es solo Él,

cierto, moriré
y no hay muerte.

Quiero verte

Inmerso en el misterio
de la infinidad de mundos,
soy ese mismo misterio,

que mi corazón despierte
a un mundo vacío de seres,
y que mi mente comprenda

al que en todo es Único,
quiero verte, quiero verte
antes de que el morir llegue.

Mi estupidez no la mires,
Tú que no eres un tú,
Tú que eres el Clemente.

Que el sentir despierte

Todas las cosas son su rostro,
fuera de ese rostro no hay nada.

Sé bien que es así, Clemente,
mas tengo mi sentir disperso.

Recógelo todo en ti.

Reconocer la verdad

Ver y sentir la verdad
definitiva de todo.
Los seres son su verdad,
solo Eso, su verdad,

verdad que se ve, siente
en los cielos y en la tierra.
Ya me queda poco tiempo,
reconócela, ámala.

La verdad de las cosas

¿Cuál es la verdad
de todos los seres
que nos acompañan
en nuestro vivir?

Ellos la proclaman
y es innombrable,
pero da certeza
su verdad última.

Es la verdad clara
y también oscura,
certeza indudable
solo murmurada.

La gran pregunta

¿Qué es todo esto?
No hay respuesta,
un gran enigma,
un no saber,
una ignorancia,

una respuesta,
mas sin palabras,
un esplendor,
una belleza,
una clemencia,

la verdad clara,
el gran misterio,
es la presencia
definitiva,
es solo Eso,

una ficción,
una ausencia,
una prisión
y el portalón
del paraíso,

es nada-todo,
es la llamada,
y casa de paz.

¡Quiero sentir
la gran certeza!

Mi verdad

¿Cuál es mi verdad?
Mi clara y tenue
noticia de Eso,
que es absoluto

e independiente
de que sea o no.
No vine a este mundo,
lo soy por completo.

Soy ese misterio,
fuera de él, no soy,
yo soy solo Eso,
lo que es indecible.

No sé qué es nacer,
ni morir tampoco.
La gran incógnita
de mundos inmensos,

mi verdad es esa.

Despierta en mí

Aquí no hay nadie, solo tú,
solo tú estás aquí.
Mi sentir todo, lo eres,
mi lucidez eres tú.

Abre mi sentir y mente,
tú que eres el único,
reconócete en mí,
siéntete en mí, tú eres.

Aniquila todo rastro
que "otro" de ti, se crea.
Sin ti no hay reconocer,
sin ti tampoco hay amor.

Mi realidad eres tú,
Despiértate ya en mí,
éste es tu lugar, no el mío,
¡Oh tú que eres único!

¿Qué es la verdad?

El propio existir
de los seres vivos,
la tierra, y el cielo,
y los que la habitan

y el gran misterio
de su existir,
la presencia de todo,
ahí está la verdad

sin palabras, una,
explícita y clara,
existir sin tiempo,
su fondo sin forma,

su propia belleza,
esa es la verdad,
el existir de todo,
esa es la verdad.

Esperando la muerte

Esperando la muerte,
espero pronto verte,
antes de que el fin llegue.

¡Tú, que eres el Único!

Todo esto

Esto,
todo esto,
sumergido,
¡es extraño!

Muy extraño,
bellísimo,
de infinita
variedad,

¡Qué complejo!
¡Qué inmenso!
Firmamento,
estrellas y
galaxias;

pronto, pronto
para mí
no será,
yo tampoco.

¿Es el fin?
No lo es.
¿Cómo es?
No lo sé.

Incógnita
y certeza,
confianza
en el ser.

El mar

El mar es la gran figura
de lo que es absoluto,

sin límites ni fronteras,
es amable y es muy fiero,
es manso, dulce y atroz
es lo celeste en la tierra,

es madre de toda vida,
es luminoso y oscuro,
tumba de generaciones,
alimento de las gentes,

seno de toda la vida,
fruto del cosmos inmenso,
como Dios te veneraron,
¡oh mar bello y sagrado!

Paz al espíritu

En un mar tranquilo,
su ser verdadero,
que es el gran misterio,
calmará mi ser.

La paz profunda del mar,
que pacifique mi alma,
que mi sentir se aquiete,
y purifique mi mente.

Las montañas y los pinos,
altos, soberbios y bellos,
traigan la paz a mi alma,
la que los seres proclaman,

palabras hondas de paz,
estoy herido, hermanos,
desde Él habladme todos,
vosotros los que sois Él.

Habla tú, mar poderoso,
habla desde tu abismo,
tu hondura me dé paz,
tranquilo, tranquilízame.

Qué aprendí

Al final de la vida,
no sé nada de nada,
solo sé lo que son
mis propias construcciones,

y una noticia oscura
del inmenso misterio
de los mundos sin fin,
que es lo que es real.

Mi vacío

Que vea mi vacío absoluto
y tu presencia plena en mí,
¡Oh Tú, el único que eres!

Verte

Verte y sentirte
directa y obviamente,
eso es el misterio

eso es la verdad,
Tú eres el único
en todo lo que existe.

Lo que nos rodea

Todo lo que nos rodea,
incluyendo nuestra especie,
es un gran misterio
una insoluble incógnita,

es la suma belleza,
es verdad explícita,
es una gran clemencia
para nosotros humanos,

no sabemos apreciar,
distraídos y pequeños.
Vivimos en un palacio,
pero como pordioseros.

Desplázanos

Desplázanos de nuestras construcciones,
a la presencia de tu misterio.

Saber sobre la vida y la muerte

Si no sé lo que es la vida,
¿sabré lo que es la muerte?

Aquí estoy, frente a Eso

Pronto surgió la pregunta,
de niño desperté al mundo,
era bello e inmenso,
quise verlo, conocerlo.

Viví una infancia pobre,
también mi adolescencia
fue pobre y sin amigos,
mi amigo, solo mi hermano.

Me encontré ante lo inmenso,
solo la religión me habló,
me entregué de todo corazón
a sus potentes historias.

La religión me dejó,
me encontré ante el misterio,
solo, desnudo, en blanco,
ante una inmensa incógnita,

aquí estoy, frente a Eso
sin palabras, y perplejo,
nadie frente a ti, ¡oh Nadie!
¡que sienta ese Nadie pleno!

El destino

Dios acoge el destino,
pero Él no lo causa.

Voy de regreso

Que yo exista
es un prodigio
del gran misterio
de lo que existe.
Mi yo es nada

en el inmenso
mundo de mundos,
soy incógnita,
soy venerable,
soy todo Eso,

no individuo,
el yo es figura
para vivir,
sin existencia.
Soy, ¡qué misterio!

¡Voy de regreso!

Ya estoy muerto

Ya estoy muerto,
ya gasté casi toda mi vida,
solo queda un breve resto.

¿Dónde he estado?
¿Quién o qué soy yo?

Pasé la vida estudiando,
leyendo, pensado, escribiendo.
¿Qué saqué de todo eso?
Solo humanas modelaciones,
religiosas, cotidianas
y científicas.
                    Nada.

¿Qué aprendí?
Solo una actitud:
de admiración,
de extrañeza,
de pregunta.

¿Tuve respuesta?
Sí, mayor luz
sobre la gran incógnita,
sobre el gran misterio.

Me voy sumergido
en un inmenso misterio.
Yo mismo soy ese misterio.

Quién soy

Solo soy
el misterio
de los mundos,
nada más.

Solo soy
la dimensión
absoluta
de todo y
nada más.

Cuando muera
iré a
la hondura
de mi ser.

Feliz día.

Ni tiempo, ni espacio

La dimensión
absoluta
de los mundos

está fuera
de los tiempos
y espacios.

Así yo.

La hondura

La hondura
de los seres
es única,
es la mía.

Mi residencia

En este misterio estoy,
porque este misterio soy.

En esta inmensidad estoy,
porque esta inmensidad soy.

En este "sin por qué" estoy,
porque ese total "sin por qué" soy.

Nadie venido de fuera

Yo soy todo esto
y solo todo esto,
nada ni nadie
venido de fuera.

El misterio de todo

El misterio de todo,
de mi ser es la hondura.

Presencia absoluta

Todo es una presencia
absoluta, sin "por qué"
yo mismo también soy Eso.

¡Vive tú lo absoluto!

Sin muerte

Todo lo que es absoluto
deja de ser mortal.
Nada puede la muerte.

Cercano e íntimo

Madrugada de agosto,
Oscuro y primeras luces.

Oh presencia total
del misterio de los mundos,
próxima desde todos los seres,
más íntima que mi ser,

que todas las cosas me hablen
de esa presencia plena,
de su intimidad misteriosa,
a todas las horas del día,

que todos los seres, las cosas
desde su propio ser
me hablen del íntimo,
y enciendan mi corazón.

Esta madrugada fresca
de finales de agosto.

No solo palabras

Que mi sentir reclame
el habla de las cosas,
no mis pobres palabras.

¿No reflexionaréis?

¿Oyes rumores claros
del profundo sustrato
de nuestras modelaciones?

¿No hueles el dulce aroma
que emite lo que existe?

¿No oyes el canto de todo
lo que con nosotros vive?

¿No ves la enorme belleza
de los cielos y la tierra?

¿No sientes el gran misterio
de las galaxias y mundos?

¿No sientes el gran misterio
de tu propia existencia?

¿No reflexionarás?
No reflexionarás?

Epílogo

¿Qué es esta inmensidad donde habito,
absoluto, gratuito, sin por qué?

¿Y qué soy yo mismo?

¿No reflexionaré?
¿No reflexionaré?

Qué es este misterio

Oh, que extraño que es
la conjunción de vida
con la oscura muerte

la alegría del sol,
la tenue luz de luna,

la dulce luz de vida,
y la amarga muerte.

¿No reflexionarás
qué es este misterio?

El misterio de los seres

No hay nada que sea normal,
no hay nada que sea obvio,
todo es extraordinario,
todo ser es muy extraño.

Y todo esto ¿qué es?
Lo vislumbro brevemente
pero no puedo fijarlo.
El misterio de los seres.

Todavía estoy aquí

Todavía estoy aquí
en esta tierra hermosa.
Dime qué debo escribir
en favor del planeta, y

de todos sus habitantes,
debo terminar en breve,
desearía servir
hasta mi final completo.

La belleza del mundo

Quiero cantar la belleza
del misterio de los mundos.

¿Puede haber algo más bello
que una noche de luna,
con nubes blancas viajando
por el amplísimo cielo?

¿Puede haber algo más bello
que el sol del amanecer,
o que una puesta de sol
envuelto en nubes rojas?

¿Puede haber algo más bello
que el canto de los pájaros
al amanecer del día
en primavera y en verano?

¿Puede haber algo más bello
que la tierra y el cielo
en un día soleado
en paz consigo y con todo?

¿Puede haber algo más bello
que la paz de un anciano
que llenó toda su vida
en servir a sus hermanos?

¿Cómo debo seguir?

Tú, presente en todo,
realidad de todo,
inspírame claro,
qué he de escribir

para que lo que sé
y estudié en años,
sirva a mis hermanos.
Señor, ¿cómo sigo?

Ya te he visto

Pronto estaré muerto,
pero ya te he visto,
ya te he reconocí,
mi corazón llagaste.

¿Qué más puedo esperar?
Tú eres todo mi ser.

Eres sujeto universal

El gran sujeto
universal,
mi confidente,
eres mi amigo,

eres mi ser,
mi par íntimo,
mi intimidad,
el que me habla

el que me escucha,
al que le hablo,
al que confío,
mi naturaleza,

mi incógnita,
eres mi luz,
mi inspiración,
el gran misterio.

Solo ver

Míralo todo,
con atención,
por su extrañeza

y silénciate,
nada que hacer
y solo ver.

De quién

Morir muy pronto
es un regreso
y es un encuentro,

una visión
y un sentir hondo,
no sé de quién.

En unidad

Todo lo que veo
es Él y soy yo
en gran unidad.

Apresúrate

Tengo que reconocer
que eres el ser de todo
y que yo mismo soy eso,
ven ya en mi auxilio.

¿cómo sabré vivir
esa infinidad tuya?
Ven ya, apresúrate,
Tú mi ser, ayúdame

a estar a la altura
de mi pleno destino,
ya mi tiempo se acaba,
Señor, apresúrate.

Vivir mi condición

Oh infinidad de los mundos
apresúrate a ayudarme,
para que aprenda a vivir
mi propio ser ilimitado.

¿Te preocupa la muerte?

Si soy la nada: descanso,
si soy el gran misterio
también descanso y paz.

¿Y te preocupa la muerte?

Mi cuerpo dice dos cosas

Mi ser dice dos palabras,
mi cuerpo y el cosmos claman
a grandes gritos, dos cosas:
mi nada y la del mundo,

mi ser y el de todo el cosmos
son el misterio inefable,
y mi muerte y toda muerte
hablan de forma atroz,

muestran lo perecedero,
la nada mía y de todo,
y hablan del gran misterio
de todo lo que existe,

el indecible misterio,
que es sin espacio-tiempo,
donde no cabe el nacer,
ni tampoco el morir.

Mi cuerpo revierte en nada,
todo mi ser es pregunta,
mi cerebro y mi mente,
mi sentir y mi conciencia,

sin por qué y absoluto.
Dos verdades intocables,
que forman una unidad.
¡Vive la unidad, humano!

Mi gran error

Tú, ten misericordia
con quien no supo tenerla.
Lo arrastré tras de mí,
pero cuando enloqueció

no atiné a atenderle,
no comprendí su sufrir,
no pudo coger mi mano,
quedó solo en su tragedia.

Esa es la sombra negra
que cubrió toda mi vida.
¡Que el Clemente se apiade
de mis terribles errores,

de mis graves omisiones
con mi querido hermano!

La rosa

La rosa,
de belleza infinita,
une interdependencias,
las expresa y las canta.

Canta el esplendor del sol,
la tibieza de la luna,
el dulce frescor del agua,
la suavidad de las brisas,

la solidez de la tierra,
madre de todas las criaturas,
el amplio brillo del cielo,
hijo de mundos inmensos,

perfumada de misterio.
Eres bella, tierna y frágil,
rosa, eres mi amada.
¡Oh rosa!

La gran presencia

Tú eres la gran presencia
que unifica las cosas
y yo soy esa presencia.
¡Vivir, sentir lo que soy!

Tu presencia es luz

Mi presencia es la nada
que ya se me aproxima.

Tu presencia es la paz
y la certeza de luz.

¿Qué es la cualidad humana profunda?

Cualidad humana honda
es no vivir desde el ego,
pensar, actuar y sentir
desde el interés pequeño

de las carencias de ser
de un vivo necesitado.
El cosmos que vivo y siento
lo conforma la carencia,

vivir ahí es error,
es vivir en falsedad,
no comprendiendo el misterio
de nuestra propia natura.

Cualidad humana profunda
es residir en el misterio
de mundos sin fin, inmensos,
desde ahí pensar, sentir,

desde ahí amar, servir.
Eso es la identidad
de ser, la verdad y vida.
Eso solo es lo que hay.

Eso solo es el vivir,
solo desde ahí se ama
solo desde ahí se siente,
se piensa y se actúa.

Eso es el fundamento
de la cualidad humana,
fundamento de la paz
y de la unidad completa.

Insoportable

Con qué superficialidad
se vive en el insondable
misterio, insoportable
para un necio humano.

La gran presencia masiva,
la presencia inefable
del amable misterio
excesivo para el ser

de un ser insignificante.

Nada es obvio

Nada es obvio,
¡qué extraño!
¡qué amable!
¡qué inmenso!
el misterio.

Ya termino

El misterio de este mundo
ya termina para mí.
Lo busqué toda mi vida,
y a penas lo he vivido.

Aquí está
claro,
explícito.

Mi vida ya pasó

Mi vida ya pasó
solo me queda un resto.
Fue una vida dura,
pero satisfactoria.

Solo queda morir
sin temer a la muerte
es hermana y amiga,
es la mano clemente

del misterio oculto
que revela el secreto
de mi propio vivir:
        la unidad inefable.

Tú, el oculto

A ti te canto
que me recoges
cuando me hundo
en la gran nada.

Porque soy nada
soy tu misterio
que es único,
sin dualidad.

Tú, el oculto
muéstrate ya
en todo ser
y en mí mismo.

Las nubes

Me han hablado siempre
del amplio universo.

Quiero vivir contigo

Pensar en ti no me basta,
yo quiero vivir contigo,
vivir todo tu misterio,
en mi sentir tu presencia,

comprender que eres mi ser,
que fuera de ti no hay nada,
sentir tu proximidad en mí,
sentir que solo tú eres,

¡Oh ser único de todo!

Las dos caras de mi vivir y morir

Época clave en mi vida,
mi cuerpo a las tinieblas,
para mi ser la hondura
de la luz del gran misterio.

Muero sin dejar rastro,
pero no aniquilado,
de mi vivir y morir
se expresan las dos caras.

No buscar nada de nada

Con mi corazón y mente
abiertos y receptivos,
no buscar nada de nada,
como si el yo no existiera,

vivir y sentir sencillo,
no hacer nada especial,
todo ser desaparece,
solo queda ver y sentir,

ni objetos ni sujetos,
solo el despertar en paz
a la realidad de todo,
realidad pura y única.

La clave está en no buscar
nada de nada, en todo,
convertirse en un sujeto
que no es sujeto de nada

no buscar nada de nada
en toda esta belleza,
solo verla y amarla.

OTROS LIBROS DE POEMAS DEL AUTOR
Descargables gratuitamente en bubok.es y en cetr.net

A la intemperie –con obra gráfica de Pere Rius-. Barcelona, Verloc, 2010. 157 pp.
https://cetr.net/wp-content/uploads/2021/06/A-la-intemperie_Meditaciones-2.pdf

Sentires sobre la vida y la muerte. Madrid, Bubok, 2013. 142 pp.
https://www.bubok.es/libros/222091/SENTIRES-sobre-la-vida-y-la-muerte

Más íntimo que mi propia intimidad. Madrid, Bubok, 2015. 199 pp.
https://www.bubok.es/libros/239972/Mas-intimo-que-mi-propia-intimidad

Perplejidades. Madrid, Bubok, 2018. 173 pp.
https://www.bubok.es/libros/258014/Perplejidades

Al anochecer. Madrid, Bubok, 2020. 161 pp.
https://www.bubok.es/libros/264251/Al-anochecer

En el portal de lo oscuro. Madrid, Bubok, 2021. 164 pp.
https://www.bubok.es/libros/268891/En-el-portal-de-lo-oscuro

La luz de lo oscuro. Madrid, Bubok, 2024. 154 pp.
https://www.bubok.es/libros/278463/la-luz-de-lo-oscuro